CATALOGUE
DES LIVRES IMPRIMEZ, ET QUI SE VENDENT A PARIS,

Chez NICOLAS GOSSELIN, dans la Grande Salle du Palais, du côté de la Cour des Aydes, à l'Envie. 1704.

DE M. DUPLESSIS ancien Avocat au Parlement.

Traitez sur la Coûtume de Paris, donnez au Public sur l'Original de l'Auteur : Avec des Notes & Differtations de M. Berroyer & de Laurere Avocats au Parlement. *Seconde Edition* revûë, corrigée & augmentée de plusieurs Traitez, & d'un grand nombre de consultations trouvées dans les Manuscrits de l'Auteur *Volume in-folio*   15. l.

Notes de M. Auzanet sur la Coûtume de Paris, avec les Memoires de M. le P. P. de la Moignon. *sous presse.*

DE M. ANTOINE MORNAC celebre Avocat au Parlement.

Arrests du Parlement de Paris, exactement recüeillis, avec un grand nombre de Questions sur les plus importantes matieres du Droit François. *sous presse.*

Arrests de Henrys fol. 2. vol. augmentez de plus d'un tiers, *sous presse.*

Traité sur les Matiers Civiles, Criminelles & des Criées. *volume in quarto ; sous presse.*

DE M. BERROYER ET DE LAURIERE Avocats au Parlement.

La Bibliotheque des Coûtumes, avec le Commentaire entier de M. Charles du Molin, sur la Coûtume de Bourbonnois, & quelques consultations du même Auteur, qui n'avoient jamais parû. *volume in quarto.*   4. l. 10. f.

DE M. TOUBEAU.

Les Institutes au Droit Consulaire, ou la Jurisprudence des Marchands, ouvrage d'un tres-grand secours au Palais, & utile à tous Marchands, Negotiants Juges & Consuls. *Seconde Edition*, augmentée d'un tiers. vol. in 4. 7. l.

DE M. LANGE, ancien Avocat au Parlement.

La nouvelle Pratique Civile, Criminelle & Beneficiale, ou le nouveau Praticien François reformé, suivant les nouvelles Ordonnances, avec un nouveau Stile des Lettres de Chancellerie, par M Pimont, Referendaire en la Chancellerie ; *neuvième edition*, augmentée. *vol. in quarto.*   7. l. 10. f.

DE M. DERNUSSON, ancien Avocat au Parlement.

Traité de la Communauté de biens, entre l'homme & la femme conjoints par Contrat de mariage, & de la continuation de communauté, &c. vol. in folio.   12. l.

Traité des Propres réels, reputez réels & conventionels. *Seconde Edition*, revûë, corrigée & augmentée, *vol. in quarto*. 6. l.

Traité de la Subrogation, & de ceux qui succedent au lieu & place des Creanciers, *Seconde Edition*, revûë, corrigée & augmentée, *vol. in 4*, 6. l.

DE M. DUFRESNE ET JAMET DE LA GUESSIERE Avocats au Parlement.

Journal des principales Audiences du Parlement de Paris, depuis l'année 1623. jusqu'en 1685. en *quatre volumes in folio*, 40. l.
Le cinquiéme volume s'imprime.

DE M. DAUMAT Avocat au Parlement.

Les Loix Civiles dans leur ordre naturel. *Seconde Edition* 5. *vol. in quarto*, 30. l.
Legum Delectus, *in quarto*. 6. l.
Les mêmes se reimpriment, *in folio*.

DE M. MARIE RICARD Avocat au Parlement.

Traité des Donations entrevifs & testamentaires, augmenté par l'Auteur avant sa mort, & corrigé en cette Nouvelle Edition de plusieurs fautes considerables d'impression, & augmenté de plusieurs questions & Arrests sur cette matiere. *Tome premier, in folio*. 12. liv.

Traité des Donations, *Tome Second*, contenant les Traitez du don mutuel, fait par Testament ou par Contrat; des dispositions conditionelles, onereuses, &c. des substitutions directes & fideicommissaires, de la representation & du raport en matiere de succession. Nouvelle E-

a ij

dition augmentée de la seconde partie des substitutions, & de plusieur autes Traitez, additions & remarques trouvées dans les Manuscrits de l'Auteur, même la Coûtume de Senlis, commentée par le même Auteur, *vol. in folio.* 14. l.

Le Dictionnaire des Arrests, De M. la Ville Anciens Avocat, augmenté de plus de moitié. *in folio.* 2. *vol. sous presse*

De M. Guiné Avocat au Parlement.

Traité de la Representation, du double lien & de la regle, *Paterna, Paternis. vol. in* 4. 5. l.

Ordonnances de Louis XIV.

Le Code Civil, *de* 1667. *in douze*, 1. l. 5. s.
—— Le même, *in vingt-quatre*, 1. l. 10. s.
Le Code des Committimus, *de* 1669. *in vingt-quatre*, 1. l. 10. s.
Le Code Criminel, *de* 1670. *in vingt-quatre*, 1. l. 10. s.
Le Code Marchand, *de* 1673. *in vingt-quatre*, 1. l. 10. s.
Conferences des nouvelles Ordonnances de Louis XIV. Roi de France, avec celles des Rois predecesseurs de Sa Majesté, le Droit Ecrit, & les Arrests, par M. Bornier, nouvelle Edition augmentée, 2. *vol. in quarto*, 12. l.
Ordonnance sur le sujet des Eaux & Forests, Nouvelle Edition augmentée des Edits, Arrests, & Declarations rendus en consequence jusqu'à present, *in vingt-quatre*, 1. l. 10. s.
Le Stile Civil, par M. Gauret, *in quarto* 4. l. 10. s.
—— Criminel par le même, *in quarto.* 4. l.
—— Du Conseil, par le même, *vol. in quarto* 4. l.

D E M.*** Avocat au Parlement.

Nouveau Dictionnaire Civil & Canonique, de Droit & de Pratique, contenant les Etymologies, Definitions, Divisions, & Principes du Droit François, & de la Procedure sur les matieres Civiles, Criminelles & Beneficiales, nouvelle Edition beaucoup augmentée. *vol. in 4.* 6. l.

DE DIVERS AUTEURS.

Oeuvres de Baquet, augmentées par Ferrieres, *vol. in folio.* 15. l.
Les Definitions du Droit Canon par, Perard Gastel *vol. in folio,* 15. l.
—— Le Recüeil d'Arrests sur les Matieres Beneficiales *in folio.* 2. vol. 20. l.
—— Paraphrase sur les Regles de la Chancellerie Romaine, *in folio,* 12. l.
Recueil d'Arrests par Soefve, *in folio.* 15. l.
Coûtumes de la Prevôté & Vicomté de Paris, avec les Notes de M. Charles du Molin, ensemble les Observations de M. J. Tournet, J. Joly, & C. Labbé anciens Avocats de la Cour, & Arrests d'icelle par eux recüeillis sur chaque article. Derniere Edition, augmentée de plusieurs Questiõs & Arrests 2. *vol in* 12, 4. l.
Perezius *ad instituta.* vol. in douze, 2. l.
Justiniani Instituta rubro-nigra, in vingt-quatre. 1. l. 10. s.

DE M. PINSON Avocat au Parlement.

Traité singulier des Regales, ou des Droits du Roi sur les Benefices Ecclesiastiques, ensemble la Conference sur l'Edit du Controlle, & la

Declaration des Infinuations Ecclefiaftiques, avec plufieurs autres Inftructions fur les matieres beneficiales & l'Inventaire des Indults, Pieces, Titres & Memoires employez & fervant de preuves, *in quarto* 2. *vol.* 12. l.

STUDIO ADVOCATI PARISIENSIS.

Caroli Molinæi, Franciæ & Germaniæ celeberrimi Jurifconfulti, & in fupremo Parifiorum Senatu antiqui Advocati, omnia quæ extant opera. Editio noviffima auctior & emendatior. fol. 5. vol. 90. l.

DE M. PIERRE GUENOIS.

La grande Conférence des Ordonnances & Edits Royaux. *Derniere Edition*, augmentée d'un grand nombre d'Edits, Ordonnances, Reglemens, Arrefts & Obfervations, avec une Table Chronologique des Ordonnances & Edits fuivant l'ordre des années, *in folio* 3. *vol.* 36 l.

DE M. LA COMTESSE D'AULNOY.

Les nouveaux Contes de Fées, dediez à fon Alteffe Royale Madame; 4. *vol. in douze*, 7. l. 4.
Les Sentimens d'une ame penitente fur le Pfeaume *Miferere mei Deus*, & le retour d'une ame à Dieu, fur le Pfeaume *Benedic anima mea*, avec des Reflexions Chrétiennes. *Seconde Edition, vol. in douze,* 1. l. 16.
—— Les mêmes *in dix-huit*, avec l'Ordinaire de la Meffe 3. *Edition,* 1. l. 5.

DE M. BOURSAULT.

Lettres nouvelles, accompagnées de Fables, de remarques, de bons mots, & d'autres particularitez aussi agreables qu'utiles, avec treize Lettres d'une Dame à un Cavalier. *Seconde Edition de beaucoup augmentée*, 2. vol. in douze. 4. l.
Le Prince de Condé, Nouvelle Historique. vol. in douze, 1 l. 10. ſ.
Les Fables d'Eſope, Comedie, *vol. in douze*, 15. ſ.

DE M. JOVET Chanoine de Laon.

Histoire des Religions de tous les Royaumes du monde, *in douze* 3. vol. 4. l. 10. ſ.
De la veritable Eloquence, *in douze*, 2. l.

DE M. VAUGELAS.

Les Remarques ſur la Langue Françoiſe, utiles à ceux qui veulent bien parler & bien écrire, avec des Notes de T. Corneille, de l'Academie Françoiſe, *in douze* 2. vol. 4. l. 10. ſ.
Le Quintecurce, de la vie & des actions d'Alexandre le Grand, *in douze*, 2. vol. 4. l. 10. ſ.
——— Le même *vol. in quarto*, 4. l. 10. ſ.
——— Le même François Latin, *in douze*, 2. vol. 4.

DE M. D'ABLANCOURT.

Les Commentaires de Ceſar, *in douze*, 2. vol. 3. l. 12. ſ.

DE M. TRABOÜILLET Chapelain du Roy.

L'Etat de France, contenant tous les Princes, Ducs & Pairs, Maréchaux de France, les E-

a iiij

vêques ; les Jurifdictions du Royaume ; les Gouverneurs des Provinces, les Chevaliers des trois Ordres du Roy, & les noms des Officiers de la maifon du Roy, & ceux de tous les Princes, leurs gages & privileges, &c. *en trois vol. in douze,* 6. l.

De M. PIERRE CORNEILLE

Imitation de Jefus-Chrift mife en vers François, avec des figures à chaque livre, *vol. in 8,* 4. l.
——— La même, *vol. in feize.* 2. l.
——— La même, avec des figures à chaque chapitre, *vol. in vingt-quatre,* 3. l.
Joannis Gerfen de Imitatione Chrifti. 8. Paris. 5. l.

De M. **.

Hiftoire de Charles VII. Roy de France, 2e *vol. in douze,* 5. l.
Hiftoire fecrette de Catherine de France, Reine d'Angleterre, *Seconde Edition, vol. in douze* 1. l. 16. f.
Hiftoire fecrette du Connétable de Bourbon, *Seconde Edition vol. in douze,* 1. l. 16. f.
Hiftoire des Hommes Illuftres, tirée de Brantome, 2. *vol. in douze,* fous la preffe. 4. l. 10. f.

De M. LE NOBLE.

Avantures galantes, contenant l'Avare genereux, le Mort marié, & le faux Rapt. *vol. in douze,* 1. l. 16. f.

De M. DE SENNE.

Calcul fait de tour toifé, de fuperficies, folides

& bois équarris, avec six methodes pour les faire, *vol. in douze*, 1. l. 10. f.

DE M. CARON.

Traité des Bois servans à tous usages, avec la maniere de les couper, & de les employer, 2. *vol. in octavo*, 5. l.
——Le même papier fin. 6. l.

DE M. SEGRAIS de l'Académie Françoise.

Zayde, Histoire Espagnole, avec l'origine des Romans, par M. Huet, 2. *vol. in douze*, 3. l. 12. f.

DE DIVERS AUTEURS.

Memoires curieux & galants d'un nouveau Voyage d'Italie, *vol. in douze*. 2. l.
La Secchia Rapita, ou le Seau enlevé, Poëme héroïque du Tassoni, nouvellement traduit d'Italien en François, 2. *vol. in douze*, 3. l.
Don Henrique de Castro ou la Conquête des Indes, *in douze* 2. *vol.* 3. l.
Agiatis Reine Sparte, où les guerres civiles des Lacedemoniens, sous les Rois Agis & Leonidas. *in douze* 2. *vol.* 3. l.
La Vie du Maréchal de Gassion, *in* 12. 4. *vol.* 8. l.
L'Arithmetique des Ouvriers & des Marchands, par Sion, *in douze*, 2. l.
Les Oeuvres de Moliere 8. *vol. in* 12. 15. l.
———— de Racine, 2. *vol. in douze*. 6. l.
La Grande Histoire de France par M. Mezeray, *in folio*. 3. *vol.* 60. l.
———— L'Abrege *in quarto* 3. *vol.* 20. l.
———— La même, *in douze* 8. *vol.* 20. l.

Les Fables d'Esope, traduites en vers François, par la Fontaine 5. vol. in douze, 10. l.
Les Oeuvres mêlées de S. Euvremont in 4. 2. vol. 12. l.
────── Les mêmes in douze 5. vol. 10. l.
Histoire de l'admirable Dom Quichotte, 5. vol. in douze, 12. l. 10 s.
Les Lettres de Cicéron à Atticus trad. par l'Abbé de S. Real 2. vol. in douze, 4. l.
Les Satyres de Juvenal trad en françois avec le latin à côté, par le P. Tarteron, in douze 2. l. 10 s.
Le Recüeil des plus beles Pieces des Poetes François tant anciens que modernes, 5. vol. in 12. 10. l.
Le Comte de Vvarvvick, 2. vol. in douze 3. l. 12. s.
Histoire de la Conqueste du Mexique, par Fernand de Solis. 2. vol. in douze, avec grand nombres de figures, 5. l.
La Princesse de Cleves, in douze 2. vol. 2. l. 10. s.
Les Oeuvres d'Hippocrate, trad. par M. Dacier, in douze 2. vol. 4. l.
Les Comedies de Terence, par M. Dacier, 3. vol. in douze, 6. l.
────── De Plaute, par la même, 3. vol. in douze, 4. 10. s.
Reflexions & Sentences morales par M. de la Rochefoucaut in douze, 2. l.
Instructions pour les Jardins fruitiers & potagers par la Quintinye, in quarto, 2. vol. 12. l.
L'Aritmetique de le Gendre, in douze, 2. l. 5. s.
Les Conseils de la Sagesse 2. vol. in douze, 3. l.
Bibliotheque Orientale, in folio 15. l.
Memoires Historique, par M. D. **. 2. vol. in douze, 4. l.

Livres d'usages autrement dits rouges & noirs, qui concernent tout l'Ordre de S. François & l'usage Romain.

Breviarium Romanum, maximo caractere editum, in fol. 60. l.
Breviarium Franciscanum, in quo Officia Sanctorum trium Ordinum S. Francisci inter Officia Romana inseruntur, quibus adjuncta sunt Sanctorum recentiora Officia maximo caractere, in fol. 50. l.
—— Idem in 12. en 1 & en 2. vol. sous presse. Il sera achevé incessamment.
Diurnale Franciscanum, in 32. tant H. V. que H. N. en maroquin, rouge sur tranche 1. l. 15. s. & doré 2. l.
Breviaire de l'Ordre de Saint François, avec les Rubriques en François, in 8. 2. vol en maroquin noir, rouge sur tranche, 18. l. doré sur tranche, 20. l. & en maroquin rouge 22. l.
—— Le même Breviaire in 8. 4. vol. maroquin noir, rouge sur tranche 30. l. doré sur tranche 34. l. & en maroq. rouge. 38. l.
Si l'on veut lesdits Breviaires lavez & reglez, c'est vingt sols par volume d'augmentation.
Le Diurnal à l'usage de l'Ordre, avec les Rubriques en François, in 8. maroq. noir, rouge sur tranche 5 l. 10. s. doré 6. l. 10. s. & en maroq. rouge 7. l. 10. s.
Missale Romanum, in fol. 18 l.
Missale Franciscanum, in quo Missæ Sanctorum Trium Ordinum S. Francisci inter Missas Breviarii Romani inseruntur in folio, maximo caractere, en veau, rouge sur tranche 13. l.

a vj

doré 14. l. en maroq. noir doré 20. l. & en maroq. rouge doré 22. l.

Il y en a eu grand papier qui valent, reliez en maroq. noir doré 30. l. & en maroq. rouge doré 34. l.

Nouveau Processionnel de l'Ordre d S. François, avec une méthode pour apprendre le pleinchant, in 8. 2. l. 10. f.

Le Chrêtien mourant & maximes pour le conduire à une heureuse fin, contenant des instructions pour bien mourir, & exhorter les malades à la mort. Par le R. P. Hypolite Helyot Religieux Penitent. nouvelle *Edition*, corigée & augmentée, *in* 12. *sous presse*.

Assortimens de Livres de Droit. 1704.

Coûtume de Paris, par le Maître, *fol.* 10. l.
Traité du doüaire & de la gardenoble, par Dernusson, *in quarto*, 5. l.
Coûtume de Rheims, par Buridan, *fol.* 9. l.
Corvinus ad Codicem in quarto Amstelod. 6. l.
——— Ad jus Canonicum, in douze 1. l. 10. f.
——— Ad Digesta, in douze, 2. l.
Parfait Negotiant par Savari *in* 4. 6. l.
Suite du Parfait Negotiant, ou pareres, & avis sur le Commerce, par le même, *in.* 4. 6. l.
Coûtume de Paris, par Ferrieres, *fol.* 3. *vol.* 36. l.
Traité des Fiefs par Chantereau le Févre, *fol.* 9. l.
Bibliotheca juris Canonici veteris Justelli, *in fol.* 2. *vol.* 18. l.
Traité de la Maréchaussée de France, ou Recüeil des Edits, Reglemens & Arrests, qui concernent la Maréchaussée, *in* 4. 9. l.
Oeuvres de Despeisses, *fol.* 2. *vol.* 15. l.

Les Oeuvres de Coquille, *fol.* 2. *vol.* 20. l.
Ordonnances des Rois de France, colligées par
   Neron, *fol.* 12. l.
Maximes Generales du Droit François, par
   l'Hommeau, *in* 4, 4. l.
Bibliotheque Canonique par Blondeau, *fol.* 2.
   vol. 24. l.
Alteſſera ſuper decretales, *fol.* 6. l.
Coûtume d'Artois par M. Maillart, *in quarto*
   10. l.
Les Arreſts de Loüet, *fol.* 2. *vol.* dern. Edit. Pa-
   ris. 36. l.
────── Les mêmes. Edit. de Lion. *fol.* 2. *vol.*
   16. l.
Traité des Succeſſions de M. le Brun, *Nouvelle*
   Edition, augmentée, *fol.* 14. l.
La Nouvelle Coûtume de Bourgogne, par Tai-
   ſand, *in folio*, grand papier. 14. l.
────── La même, *in fol.* petit papier. 12. l.
Traité de l'Abus par Fevret, *fol.* 10. l.
Queſtions d'Olive, *in* 4. 5. l.
Le Parfait Notaire, par Ferrieres, *in* 4. 6. l.
────── Le même, par Caſſan, *octavo*, 2. l.
Oeuvres de le Bret, *fol.* 9. l.
Ordonnance de la Marine, *in vingt-quatre*, 1. l.
   10. ſ.
Corpus Civile, *octavo*, 2. *vol.* Amſtel. 10. l.
Arreſts de Baſſet, *fol.* 2. *vol.* 20. l.
Factum de ſaint Geran *in* 4, 3. l.
Table Chronologique, des Edits, Arreſts, De-
   clarations, Reglemens, &c. par Blanchard, *in*
   4, 4. l. 10. ſ.
Coûtume d'Artois, *in* 12. 3. l.
Coûtume de Vermandois, par la Fonds, *in* 12,
   2. l.
Plaidoyez, de Henrys, *in* 4, 3. l.

——— De Boné, *in quarto*, 3. l.
Jurisprudence Romaine de Colombet, *in 4*. 3. l.
Remarques du Droit François, par Mercier, *in quarto*, 3. l.
Gaite de *Usurâ & fœnore*, *in quarto*, 6. l.
Institutiones juris Canonici, Lanceloti, cum notis Solieri, *in quarto*, 6. l.
Corpus Canonicum, cum notis Pithoei, fol. 2. vol. 25. l.
Traité des Droits honorifiques, par Maréchal, *in douze* 2. vol. 4. l.
Coûtume de Melun, par Champy, *in douze* 2. l.
Traité du Droit d'indult, par Pinson, *in douze*, 2. vol. 3. l.
Traité des Portions congruës, par M. du Perrey, 2. vol. *in douze*, 4. l.
Plaidoyez de Gaulthier, *in quarto* 2. vol. papier fin. 8. l.
Arrests du Parlement de Tournay, *in quarto*, 2. vol. 10. l.
Traité du Droit d'Amortissement, *in douze*, 1. l. 10 s.
Broncorst de regulis juris, *in douze*, 1. l.
Traité des Verifications d'écritures, par Blegoy, *in douze*, 1. l. 16. s.
Pacij instituta, *in douze*, 2. l.
Institutes à la Coûtume de Bourgogne, *in douze* 2. l.
Dissertation sur le Tenement de cinq ans dans les Provinces d'Anjou & du Maine, *in douze*, 2. l.
Institution au Droit François, *in douze*, 2. vol. 4. l.
Traité du Droit d'indemnité *in douze*, 1. l. 10. s.
Berezius ad digesta, *in quarto*, 3. l.
Mémoire de Droit & de Pratique, *in quarto*, 3. l.
Observation Analitique sur la Coûtume de Paris,

par Pithou, *in dix-huit.* 1. l.
Procez Civil & Criminel de le Brun, *in quarto*, 3. l.
Coûtume d'Auxerre, *in quarto*, 4. l. 10. f.
—— De Montfort, par Thourette, *in octavo*, 3. l.
Plaidoyez du Gueux de Vernon, *in quarto*, 3. l.
Assises de Jerusalem, avec la Coûtume de Beauvoisis, *fol.* 10. l.
Procedures Criminelles des Officiaux, par de Combes, *in quarto*, 7. l.
Arrests de Bardet, *fol.* 2. *vol.* 18. l.
Oeuvres de Loiseau, *fol.* 10. l.
Borcholten ad instituta, *in quarto*, 3. l.
Menagii Amanitates juris, *in octavo*, 2. l.

On trouvera dans la même Boutique toutes
sortes de Livres de Droit, tant
vieux que Nouveaux.

Assortimens de toutes sortes. 1704.

- Principes de la Philosophe de Descartes, *in quarto*, avec fig. 5. l.
- Methode, Dioptrique, & Meteores, par le même, *in quarto*, 4. l.
- Meditations Metaphysiques, par le même *in quarto* 6. l.
- L'Homme, avec le monde, ou traité de la lumiere, par le même, *in quarto*, 6. l.
- Les passions de l'ame, par le même, *in douze*. 1. l. 10. s.
- Entretiens sur les vies des Peintres, & Architectes, *in quarto*, 3. vol. 15. l. 10. l.
- Les Travaux de Mars, en 3. vol. *in octavo* 15. l.
- Methode, pour apprendre la langue Grecque, par M du Port Royal, *in octavo*, 4. l.
- Oeuvres de M. Maimbourg, *in quarto*, 12. vol. 72. l.
- ———Les même, avec le Pontificat de S. Gregoire & de S. Leon, *in douze* 26. vol. 52. l.
- Historia de las Guerras de Granada, *in oct.* 2. l.
- Parfait Maréchal, par solleysel, *in quarto*, 7. l.
- Histoire de Dauphiné, par Chorier *fol.* 7. l.
- Histoire de Charles VII. *fol.* Imp. Roy. 15. l.
- ———De Charles VIII *fol.* Imp. Roy. 15. l.
- ——— Des Turcs, par Calcondile, augmentée par Mezerai, *fol.* 2. vol. grand papier, 20. l.
- Histoire des Secretaires d'Etat. par du Toc. *in quarto.* 7. l.
- Voyage de Chardin en Perse. *in douze*, 2. vol. Lyon, 4. l.
- ——— Le même, *in douze*, Amsterdam, 4. l.
- Description de l'Afrique, par la Croix, *in douze* 4. vol. avec fig. 8. l.

L'Afrique de Marmol, 3 *vol. in quarto.* 12. l.
Apophtegmes des Anciens, avec les stratagemes
   de Frontin, *in quarto*, 5. l.
Poësies de M. Deshoulieres *in oct.* 2. *vol.* 4. l. 10. s.
Les Tragedies de Seneque, de Marolles, *in oct.*
   2. *vol.* 4. l.
Plaute, par le même, *in oct.* 4. *vol.* 8. l.
Lucrece, *in oct.* par le même, 3. l.
Terence, par le même, *in oct.* 2. *vol.* 4. l.
Roman Bourgeois par Furetiere, *in oct.* 3. l.
Theologie Françoise & Morale, par Quantin, *in*
   oct. 3. *vol.* 6. l.
Tableaux de la Penitence par M. Godeau, *in*
   quarto, 10. l.
——— Les mêmes, *in douze*, 3. l.
Histoire de la Bible, par Royaumont, avec des
   figures *in quarto*, 15. l.
——— La même *in douze*, 3. l.
Vie de M. de Montmorency, *in oct.* 2. l.
Nouveau Testament d'Amelote *in douze*, 2.
   vol. 5. l.
——— Le même, *in quarto*, 2. *vol.* 12. l.
——— Le même, *in vingt-quatre*, 1. l. 10. s.
——— Le même, *in oct.* Mons, 3. l.
Imitation de Jesus, *in oct.* 2. l.
——— La même, *in vingt-quatre*, 1. l.
——— La même, *in trente-deux*, 15. l.
Imitation Latine, *in douze*, 1. l. 10. s.
Semaine sainte, Latine & Françoise, *in dix-*
   huit, 1. l. 10. s.
Sancti Leonis Magni & aliorum opera; *fol.* 9. l.
La Sainte Bible en François, traduite par les Theo-
   logiens de Louvain, *in douze*, 5. *vol.* 10. l.
Divina fidei Analysis, de Holden, *in douze*,
   2. l.

Pseaumes de David, mis en vers par Godeau, *in douze*, 2. l.
Histoire de l'Eglise par Godeau, *in douze* 6. vol. 18. l.
Missel Romain, Lat. Franc. par Voisin, *in douze*, 6. vol. 12. l.
Sentimens du Chrétien dans la Captivité, *in douze*, 1. l. 10. f.
Combat Spirituel, Ital. & Franc. *in douze*, 2. l.
——— Italien, *in douze*, 1. l. 10. f.
——— François, *in douze*, 1. l. 10. f.
Histoire Sacrée, par Brianville, *in douze*, 3. vol. 6. l.
Vie de Jesus, par Montreüil, *in douze* 3. vol. 4. l. 10. f.
Entretiens Spirituels de S. François de Sales, *in douze*, 2. l.
——— Les mêmes *in seize*, 1. l.
Introduction à la vie devote, par le même, *in douze*, 2. l.
Les Epistres Spirituels, du même *in douze*. 2. vol. 4. l.
Traité de l'amour de Dieu, du même, *in douze*, 2. l.
Entretien de Dieu avec l'homme, *in douze*, 1. l.
Le dégoût du monde par maximes, tiré de l'Ecriture & des Peres, *in douze*, 1. l. 16. f.
Meditations d'Abely, *in douze*, 2. vol. 4. l.
Devotion au cœur de Jesus, *in douze*, 1. l. 16. f.
Entretiens Spirituels sur l'Evangile de S. Matthieu, par M. Hermant, *in douze*, 3. vol. 6. l.
Guillelmi Parisiensis opera, *fol.* 2. vol. 15. l.
——— grand papier, *fol.* 2. vol. 24. l.
Summa Peraldi, *in quarto*, 3. l.
Chronica Cassinensis, *fol.* 6. l.
Usage de la Communion, *in quarto*, 3. l.

Frequente Communion, de M. Arnaud, *in oct.* 4. l.

——— Tradition de l'Eglife, *in oct.* 4. l.

Hiftoire de Cromvel, par Raguenet, *in quarto*, 4. l. 10. f.

Traité du droit de la Guerre & de la Paix, par Grotius, *in quarto*, 2. vol. 12. l.

——— Latin, *in oct.* Amftelod. 5. l.

Procope de Cefarée, de la guerre contre les Vandales *in douze*, 2. l.

Oeuvres de Procope de Cefarée, *in douze* 2. l.

Hiftoire fecrette de Procope de Cefarée, *in douze*, 1. l. 10. f.

Geographie du Prince, *in douze*, 1. l.

Oeuvres de Scaron, *in douze*, 10. vol. 15. l.

Syfteme de l'ame par la chambre, *in 12.* 1. l. 10. f.

Traité de la tranquilité de l'efprit, par Hall. *in douze*, 1. l.

La vie d'Epictete, & fa Philofophie, avec le tableau de Cebes, ou l'image de la vie humaine, *in douze*, 1. l. 10. f.

Ufage des paffions du P. Senault, *in douze*, 1. l. 10. f.

La Circé de Jean Bapt. Gelli. trad. en François, *in douze*, 1. l. 10. f.

Avantages de la langue Françoife, par M. le Laboureur, *in douze*, 1. l. 10. f.

L'honnête femme de Dubofc, *in douze*, 1. l. 10. f.

Remedes de Madame Fouquet, 2. *vol. in douze*, 3. l.

Oraifons funebres de M. Flechier 2. *vol. in douze*, 4. l.

——— De M. de Meaux, *in douze*, 2. l. 10. f.

Hiftoire de Henry VII. Roy d'Angleterre, par Marfolier, 2. vol. *in douze*, 3. l. 10. f.

——— De Theodofe le grand, par M. Flechier, *in douze*, 3. l.

Methode du Blason, par le P. Menestrier, *in douze*, 2. l.
— Par Baron, *in douze*, 1. l. 10. f.
Chansons de M. de Coulange, *in douze*, 2. vol. 4. l.
Voyage d'Italie, *in douze*, 2. vol. 4. l.
Histoire de Hollande, par M. de la Neuville, 4. vol. *in douze*, 8. l.
Du celibat volontaire, ou la vie sans engagement, *in douze*, 2. vol. 3. l.
Memoire de M. de Puysegur, *in douze*, 2. vol. 2. l. 10. f.
Histoire du Marquis de Courbon, *in 12*. 1. l. 10. f.
Traité de la Poësie Françoise, *in douze*, 1. l. 10. f.
Portrait Geographique & historique de l'Europe, où l'on voit la description des Pays, la Religion & l'établissement des Monarchies, *in douze*, 3. vol. 6. l.
Etat de la Cour de tous les Rois de l'Europe, par M. de sainte Marthe, *in douze*, 4. vol. 6. l.
La Science universelle de Sorel, *in dou*. 4. vol. 6. l.
Gabinet des singularitez d'Architecture, Peinture, Sculpture & Graveure, par le Comte. *in douze* 3. vol. 6. l. 15. f.
L'Heroïne Mousquetaire, *in douze*, 4. vol. 4. l.
Les exilez, par M. de Villedieu, *in douze*, 2. l. 5. f.
Journal amoureux, par la même, *in douze*, 2. l. 10. f.
Pastor fido en vers François & Italiens *in 12*. 3. l.
Fortifications de Gaulthier, *in douze*, 1. l. 10. f.
Histoire de la Monarchie Françoise, sous le Regne de LOUIS le Grand, *in douze*, 3. vol. 5. l. 8. f.
Histoire de Pierre d'Aubusson Grand Maître de Rhodes, par le Pere Bouhours, *in douze*, 2. l.
Histoire de la Conjuration de Portugal, *in douze*, 1. l. 10. f.

L'homme de Cour, de Gratian, traduit par Amelot de la Houssaye, *in douze*, 2. l. 10. s.
La suite de l'homme de Cour, ou le criticon de Balthasar Gratian, *in douze*, 1. l. 16. s.
Histoire entiere d'Alexandre le grand, *in douze*, 1. l. 10. s.
Les devoirs de la vie Civile, *in douze*, 2. vol. 3. l.
Sentimens d'amour, par Corbinelli, *in douze* 2. vol. 3. l.
Memoires de Chiverny, *in douze*, 2. vol. 3. l.
L'octavius de Minutius Felix, *in douze*, 1. l.
Guerre des Auteurs par Gueret, *in douze*, 1. l.
Memoire de Joinville, *in douze*, 1. l. 10. s.
Histoire des Turcs, *in douze*, 3. vol. 6. l.
Les Oeuvres de Corneille, *dix-vol. in douze*, 20. l.
Histoire des Ordres de Chevalerie, par Hermant, *in douze*, 2. l.
Histoire de France, par Marolles, *in douze* 2. l. 5. s.
Tite-Live, trad. par Durier. 8 *vol. in douze* Amsterdam. 2 o l.
Les Oeuvres de Poisson, *in douze*, 2. vol. 3. l.
———— De Pradon, *in douze*, 3. l.
———— De Palaprat, *in douze*, 3. l.
———— De la Grange, *in douze*, 3. l.
———— De la Chapelle, *in douze*, 2. l. 10. s.
———— De la Fosse, *in douze*, 3. l.
Oeuvres de Capistron, 4. l.
Relation d'un voyage d'Espagne, par Madame la Comtesse d'Aulnoy, *in douze*, 3. vol. 5. l. 8. s.
Histoire de Polybe, *in douze*, 3. vol. 4. l. 10. s.
La Rhetorique de Ciceron, *in douze*, 2. l.
———— De la nature des dieux, *in douze*, 1. l.
———— Les Paradoxes, *in vingt-quatre*, 15. s.
———— Les Offices, *in oct*. Lat. Franc. 2. l.
———— Les mêmes, *in douze*, François, 1. l.

———— Les Epistres de Ciceron, *in douze*, 3. vol. 4. l. 10. l.
———— Les mêmes, Lat. & Franç. *in oct*. 2. v. 4. l.
Les Oeuvres de Balzac, *in* 12. 10. vol. 13. l. 10. f.
———— Se vendent separément, sçavoir,
Les Entretiens, *in douze*, 2. l.
Le Socrate Chrétien, *in douze*, 1. l. 10. f.
L'Aristippe, ou de la Cour, *in douze*, 1. l.
Le Prince, *in douze*, 1. l.
Les Lettres choisies, *in douze*, 2. l.
Les Lettres diverses, 2. vol. *in douze*, 3. l.
Les Lettres à Conrart, *in douze*, 1. l.
Les Oeuvres diverses, *in douze*, 1. l.
L'apologie, *in douze*, 1. l.
La Naturaliste Moral, ou Entretiens sur la Physique, & sur la Morale *in douze*, 1 l. 10. f
Traité du grand Negoce de France, avec un traité du jauge de la Marine, *in douze*, 1. l. 10. f.
La Phisionomie de Cocles, *in douze*, 1. l. 10. f.
Lettres sur toutes choses de sujets, avec la maniere de les écrire, *in douze*, 2. vol. 4. l.
Reflexions sur le Ridicule, par l'Abbé de Bellegarde, *in douze*, 2. l. 5. f.
Réflexions sur la politesse des mœurs par le même, suite des Reflexions sur le Ridicule, *in douze*, 2. l. 5. f.
Modeles de conversations pour les personnes polies, par le même, *in douze*, 2. l. 5. f.
Histoire du Cardinal Ximenes, par M. Flechier, *in douze* 4. l.
Histoire des Princes illustres, *in douze*, 1. l. 16. f.
L'art de plaire dans la conversation, *in douze*, 1. l. 16. f.
Histoire d'Hypolite Comte Douglas, *in douze*, 2. vol. 3. l.
Satyres de Juvenal en Vers François, avec le La-

tin à côté, par Sylvecane, *in douze*, 2. vol. 4 l.
Les Oeuvres de Virgile, trad. par Martignac, *in douze*, 3. vol.   6. l.
——— D'Horace, *in douze*, 2. vol.   4. l.
Histoire de Bretagne, par d'Argentré, *in douze*, 2 l.
Journal des Marches, Campemens, Batailles, Sieges & Mouvemens des Armées du Roy, & des Alliez, *in douze*,   2. l.
Anonimiana, ou mélanges de Poësie, d'Eloquence, & d'Erudition, *in douze*,   1. l. 16. s.
Parfumeur Royal, ou l'art de parfumer avec les fleurs, *in douze*,   1. l. 16. s.
Recüil d'Epigrammes de tous les Poëtes François, *in douze* 2 vol.   3. l. 12. s
Entretiens d'Ariste & d'Eugene, *in* 12. 2. l 10. s.
Pensées ingenieuses, *in douze*,   2. l.
Theatre Espagnol, ou les meilleures Comedies des Auteurs Espagnols, *in douze*,   2. l.
Metamorphoses d'Ovide en Vers François, par Corneille, *in douze*, 3. vol.   9. l.
Lucien, traduit par d'Ablancourt, *in douze*, 3. vol. 4. l. 10. s.
Table de Sinus, *in douze*,   1. l.
Genie de la Langue Francoise, *in douze*, 2. vol. 3. l.
Histoire du Maréchal de Boucicaut, *in douze*, 1. l. 10. s.
Voyage de Tunquin, & de Lao, *in quarto*, 3. l.
Venerie Royale de Salnove, *in quarto*,   3. l.
Voyage de Madagascar, *in quarto*,   3. l.
Pagi, de *Conjubus Cæsareis*, *in quarto*, 4. l.
Fortifications du Chevalier de Ville, *in oct*. 4. l.
Chiromance de Romphile, *in oct*.   1. l.
Methode pour tenir les Livres de compte, par Boyer, *fol*.   4. l.

Schola Salernitana cum notis Ren. Moreau, in oct.   3. l.
Historia Ducum Brabantiæ, in quarto,   3. l.
Armorial de Bretagne, fol.   5. l.
Guidon de la langue Italienne, par Ducz, in oct. 1. l. 10. s.
Cyrus, in oct. 10. vol.   20. l.
Cleopatre, in oct. 12. vol.   20. l.
Tarsis & Zelie, in oct. 6. vol.   9. l.
Memoire de Sully, fol. 4. vol.   15. l.
Thucydide, d'Ablancourt, fol.   10. l.
Grammaire Angloise de Miege, in oct.   2. l.
Voyage de Pirard, in quarto,   4. l.
Memoire de Bassompierre, in douze 2. vol. Amsterd. 6. l.
Histoire des Amazones, in douze, 4. vol. 6. l.
Oeuvres de le Pays, in douze 3. vol.   4. l. 10. s.
Memoire de Sillery, in douze, 2. vol.   3. l.
Histoire des Ministres d'Etat, in douze 2. vol. 3. l.
Ceremonies des Juifs, in douze,   2. l.
Recüeil de Traitez de Paix, in douze,   2. l.
Vie & Moeurs des Bramines, in quarto,   3. l.
Memoires de Bussy Rabutin in quarto, 2. vol. 12. l.

On trouvera dans la même Boutique toutes sortes de Livres d'Histoire & autres, tant vieux que nouveaux.

www.ingramcontent.com/pod-product-compliance
Lightning Source LLC
Chambersburg PA
CBHW070532050426
42451CB00013B/2969